RÉFORMES URGENTES

à apporter aux

LOIS SUR LES SOCIÉTÉS PAR ACTIONS

RÉGLEMENTATION LÉGALE DES BILANS

RÉFORMES URGENTES

à apporter aux

LOIS SUR LES SOCIÉTÉS PAR ACTIONS

RÉGLEMENTATION LÉGALE DES BILANS

LIBRAIRIE ARTHUR ROUSSEAU
ROUSSEAU et Cie
Éditeurs
14, Rue Soufflot
PARIS
1917

Extrait de la *Gazette des Sociétés et du Droit Financier*
Numéro du 1er Janvier 1917

Sous la signature

de

M. Gustave DOYEN

Docteur en Droit

Expert-Comptable près le Tribunal de 1re Instance
de la Seine

RÉFORMES URGENTES

à apporter aux

LOIS SUR LES SOCIÉTÉS PAR ACTIONS

RÉGLEMENTATION LÉGALE DES BILANS

Convient-il d'insérer dans notre loi une disposition spéciale en vue de fixer les règles qui doivent présider à la confection des bilans et inventaires des Sociétés par actions ?

Cette importante question a donné lieu jusqu'ici à bien des controverses.

L'exactitude des bilans est une des conditions les plus indispensables au bon fonctionnement des Sociétés. « Miroirs de l'inventaire », les bilans doivent refléter fidèlement la situation de l'entreprise. S'ils ne sont pas correctement établis, la publicité qui leur est donnée va à l'encontre du but poursuivi par la loi et a pour effet d'induire en erreur, non seulement les actionnaires, mais aussi les tiers qui traitent avec la Société.

Notre loi de 1867, dans son article 34, se borne à prescrire qu'il sera dressé chaque semestre un état sommaire de la situation active et passive; que cet état sera mis à la disposition des commissaires; qu'il sera en outre établi chaque année, conformément à l'article 9 du Code de Commerce, un inventaire contenant l'indication des valeurs mobilières et immobilières et de toutes les dettes actives et passives de la Société; enfin, que l'inventaire, le bilan et le compte de profits et pertes seront mis à la disposition des commissaires, le quarantième jour au plus tard avant l'assemblée générale annuelle.

L'article 35 ajoute que, quinze jours avant la réunion de cette assemblée, tout actionnaire peut prendre, au siège social, communication de l'inventaire et de la liste des actionnaires, et se faire délivrer copie du bilan résumant l'inventaire et du rapport des commissaires.

Aucune disposition de la loi de 1867 ne spécifie le mode suivant lequel l'inventaire, le bilan et le compte de profits et pertes devront être établis.

Quant à l'article 9 du Code de Commerce, auquel se réfère l'article 34 de la loi de 1867, il se borne à prescrire que tout commerçant « est tenu de faire, tous les ans, sous seing privé, un inventaire de ses effets mobiliers et immobiliers, et de ses dettes actives et passives, et de le copier, année par année, sur un registre spécial à ce destiné ».

Faute d'une réglementation légale fixant les bases sur lesquels les bilans doivent être établis, on a pu dire, sans grande exagération, qu'il s'était créé, pour la confection de ces bilans, presque autant de méthodes différentes que de sociétés.

Quant à la jurisprudence, malgré le nombre croissant des décisions concordantes qu'on y relève depuis quelques années, il est encore assez difficile d'en dégager un ensemble de règles sustibles de s'appliquer d'avance à tous les cas particuliers que révèle la pratique de chaque jour. Ses arrêts portent en effet, la plupart du temps, sur des questions d'espèce.

La Commission extra-parlementaire instituée au Ministère de la Justice en 1902, avait apprécié déjà toute l'importance de cette question qui a fait, de sa part, l'objet d'une étude approfondie. Après avoir adopté tout d'abord le système de la réglementation, elle s'est, en dernière analyse, ralliée à celui de la liberté et, dans un rapport très documenté adressé au Garde des Sceaux, le 22 mai 1903, M. Alfred Neymark concluait en son nom : « qu'il n'y avait pas lieu d'édicter une disposition de loi d'après laquelle des règles devaient être insérées dans les statuts pour le mode d'établissement des inventaires et bilans ».

« Ne pouvant empêcher la fraude, puisqu'elle ne pourrait tout prévoir, ni fixer des règles précises s'appliquant d'une manière uniforme à toutes les Sociétés, une loi spéciale sur les inventaires et bilans risquerait, dit l'éminent rapporteur, de porter atteinte aux affaires sérieuses, d'éloigner d'elles les hommes honorables et compétents, qui, par crainte de lourdes responsabilités qu'eux-mêmes ne sauraient prévoir, refuseraient toute fonction d'administrateur dans une Société ».

Je dois dire que, pour ma part, cette dernière raison ne m'a pas convaincu. Je suis persuadé que les administrateurs soucieux d'exactitude et de régularité auraient, au contraire, tout à gagner à voir substituer au régime d'incertitude dans lequel vivent actuellement les Sociétés, un régime basé sur une réglementation légale qu'il leur suffirait d'observer strictement pour être à l'abri de toute critique et de toute responsabilité.

J'ajoute que, s'il est impossible de tout prévoir dans un texte de loi, il ne me semble aucunement irréaisable de condenser en quelques formules à la fois générales et précises les principes essentiels suivant lesquels doivent être dressés, sans exception aucune, les bilans de toutes les Sociétés.

*
* *

Avant de rechercher ce qu'il est possible d'innover dans cet ordre d'idées, jetons un coup d'œil autour de nous et recherchons, pour en faire notre profit, quelles ont été sur cette question les dispositions des lois étrangères.

Les principales législations d'Europe peuvent à ce point de vue se diviser en deux groupes.

Les unes, à l'exemple de la loi française, n'ont tracé aucune règle pour l'établissement des bilans et inventaires de sorte que le régime sous lequel fonctionnent les Sociétés y est celui de la liberté absolue. Il en est ainsi notamment en Belgique, en Hollande, en Suède, en Italie, en Espagne, en Portugal, en Grande-Bretagne. Dans ce dernier pays cependant, le législateur de 1862 traçait, en annexe de la loi, des règles administratives, et proposait une formule de bilan, mais sans en rendre obligatoire la stricte observation. Il faut ajouter aussi que l'institution des Chartered Accountants et l'usage universellement adopté en Grande-Bretagne de s'adresser à eux pour la vérification des bilans a créé, dans le mode d'établissement des comptes, une uniformité qui peut rendre superflue l'intervention du législateur.

Le second groupe comprend les législations qui ont édicté un ensemble de règles générales au respect desquelles les bilans et inventaires sont assujettis.

Le type des lois de cette catégorie est la loi allemande.

L'article 31 du Code de Commerce *allemand* est ainsi conçu :

« L'actif et le passif doivent figurer avec la valeur qu'ils ont lors de l'établissement du bilan.

« Les créances douteuses y figurent pour leur valeur probable; les créances irrecouvrables en sont exclues ».

Et l'article 185 (au titre des Sociétés par actions) dispose :

« Il y a lieu d'appliquer à la confection d'un bilan les dispositions de l'article 31 (ci-dessus) et en outre les prescriptions suivantes :

« 1o Les valeurs et marchandises qui sont cotées en Bourse, ou sur le marché, seront estimées au maximum au cours du jour où le bilan a été dressé. Si ce prix dépasse le prix d'achat ou de revient, elles ne peuvent pas être estimées au-dessus de ce dernier prix;

2o Les autres valeurs ne peuvent être estimées audessus du prix d'achat ou de revient;

« 3o Les établissements et autres objets qui ne sont pas destinés à être aliénés, mais qui sont, au contraire, destinés d'une manière permanente à l'exploitation de l'industrie de la Société, peuvent être estimés à leur prix d'achat ou de revient, encore qu'ils aient diminué de valeur, pourvu qu'on ait porté en compte une somme représentative de leur usure, ou correspondant aux besoins de leur renouvellement;

4o Les frais de constitution et d'administration ne doivent pas être repris à l'actif dans le bilan;

5o On inscrira au passif le montant de la commandite, la part d'actif social appartenant à chacun des associés responsables, et les fonds de réserve et de renouvellement;

6o Le bénéfice ou la perte qui ressort de l'écart entre l'actif total et le passif total doit être spécialement indiqué à la fin du bilan ».

La loi *autrichienne* s'est bornée à disposer que les principes d'après lesquels les bénéfices sont calculés et répartis doivent être précisés dans les statuts. Il ne peut être distribué aux actionnaires que l'excédent de l'actif, après prélèvement de tous amortissements et acquit de tout le passif. La dotation du fonds de réserve doit primer toute répartition de l'excédent.

Lors de la fondation de la Société, il peut être décidé dans les statuts que les frais de premier établissement imitativement désignés seront répartis comme dépenses sur les premières années d'exploitation, au maximum les cinq premières. Ne peuvent être imputés comme tels que les dépenses indispensables et les frais de constitution proprement dits. Un état détaillé des frais de fondation doit figurer dans les comptes du premier exercice.

Enfin l'article 53 du décret du 20 septembre 1899, qui réglemente la matière, ajoute certaines dispositions particulières relatives à la constitution du fonds de réserve et aux ressources diverses au moyen desquelles il peut être alimenté.

En *Bulgarie*, l'article 207 du Code de Commerce, au titre des Sociétés, dispose :

« Les règles suivantes doivent être observées dans la confection du bilan social :

« 1° Le capital doit figurer avec l'indication des objets dont il se compose, ainsi que l'actif existant au dernier jour de l'exercice annuel;

« 2° Les valeurs cotées doivent être évaluées au cours qu'elles avaient au dernier jour de l'exercice annuel;

4° Le montant du capital social et celui du fonds de réserve doivent figurer au passif de la Société;

3° Les frais d'établissements doivent être répartis sur les cinq premiers exercices annuels;

5° Les créances douteuses figurent dans le bilan d'après leur valeur probable, et celles qui sont irrecouvrables ne peuvent figurer au bilan. L'actif et le passif doivent être mis en lumière à la fin du bilan ».

En *Serbie*, l'article 71 de la loi du 10 décembre 1896, relative aux Sociétés par actions, est ainsi conçu :

« Le Conseil de Direction se conformera aux dispositions suivantes pour dresser le bilan :

« 1° Tout bien meuble et toute créance de la Société seront portés au bilan d'après la valeur au dernier jour de l'année courante. Les immeubles au prix de revient.

« Si la valeur des immeubles subissait une dépréciation pour une raison quelconque, le Comité de Contrôle désignera trois experts non actionnaires aux fins de leur évaluation, et la valeur ainsi déterminée sera portée au bilan.

« 2° Les titres figureront au cours du dernier jour de l'année.

« 3° Les créances litigieuses figureront pour leur valeur probable. Les créances perdues ne figureront pas au bilan.

« 4° Les dépenses d'administration seront portées au bilan à la rubrique des dépenses.

« Les dépenses pour premier établissement seront amorties dans un délai prévu par les statuts.

« 5° Le capital social, ainsi que le fonds de réserve prescrit par les statuts, seront portés au passif.

« 6° Les profits et les pertes résultant de la comparaison de l'actif et du passif figureront au bilan comme conclusion définitive. »

En *Suisse*, l'art. 656 du Code fédéral des obligations, incorporé au Code civil par la loi fédérale du 30 mars 1911, s'exprime comme suit :

« Le bilan doit être dressé d'une façon assez claire et facile à saisir pour que les actionnaires puissent se rendre un compte aussi exact que possible de la vraie situation de la fortune de la Société.

« Il y a lieu notamment d'observer les régles suivantes :

1° « Les frais de fondation, d'organisation et d'administration doivent être portés intégralement aux dépenses de l'année. Par exception, les frais d'organisation, prévus par les statuts ou par les décisions de l'assemblée générale, soit pour l'installation primitive, soit pour une nouvelle branche d'affaires, soit enfin pour une extension des opérations, peuvent être répartis sur une période de cinq années au plus, à condition de faire figurer aux dépenses de chaque année au moins la part afférente à cet exercice.

« 2° Les immeubles, bâtiments et machines doivent être évalués tout au plus au prix d'acquisition, et déduction faite de l'amortissement que comportent les circonstances; s'ils sont assurés, on indique, en outre, la somme pour laquelle ils le sont.

« 3° Les valeurs cotées ne peuvent être évaluées audessus de leur cours moyen dans le mois qui précède la date du bilan.

« 4° Les approvisionnements de marchandises ne peuvent être estimés au-dessus de leur prix d'achat et, si ce prix dépasse le prix courant, au-dessus de ce dernier prix.

« 5° On doit indiquer le montant total des valeurs douteuses et des amortissements correspondants.

« 6° Le capital social, et les fonds de réserve ou de renouvellement, doivent être inscrits au passif.

« 7° Les obligations émises par la Société sont portées pour la valeur intégrale à laquelle elles doivent être remboursées, mais on peut faire figurer à l'actif la différence entre le prix d'émission et le taux du remboursement, en la diminuant chaque année, jusqu'au jour de l'échéance, de la somme nécessaire à l'amortissement.

*
* *

Telles sont, brièvement résumées, les dispositions essentielles des principales législations d'Europe. Elles sont, comme on peut s'en rendre compte, assez variées dans le détail; mais elles se rattachent en somme à deux systèmes généraux entre lesquels il convient d'opter et qui sont l'un celui de la liberté absolue, l'autre celui de la réglementation.

Le système de la liberté a donné en Angleterre de forts bons résultats. Mais cela tient surtout, comme je l'indiquais tout à l'heure, à la solide organisation du corps des Chartered Accountants et aux garanties sérieuses qu'offre au public leur intervention comme Auditors.

En fait, l'esprit pratique des Anglais a réalisé dans le silence de la loi, la meilleure de toutes les réglementations et la plus facile à supporter, je veux dire une réglementation que les intéressés ont organisée eux-mêmes et se sont, en quelque sorte, volontairement imposée.

La loi anglaise s'est, en effet, bornée à disposer que les Auditors, qui sont à peu près ce que sont nos Commissaires aux comptes, ne pourraient être ni administrateurs, ni employés de la Compagnie. Rien de plus. Le choix des Auditors est donc, sous cette seule réserve, entièrement libre. Mais l'usage s'est établi, pour les Sociétés anglaises soucieuses de leur bon renom, de prendre leurs Auditors parmi les membres d'associations professionnelles anciennes et puissantes, dont la plus connue porte le titre de « The Institute of Chartered Accountants in England & Wales » (incorporated 1880) (1).

Ces associations présentent, au point de vue du recrutement, des garanties de premier ordre, et l'habitude qui s'est établie de ne point choisir d'Auditors en dehors d'elles, a permis la constitution d'un corps de doctrine qui donne aux bilans des Sociétés toute l'uniformité compatible avec les exigences de la pratique.

Malheureusement, abstraction faite des compagnies d'experts

(1) Voir l'étude publiée par M. Marais, avocat. *Gazette des Sociétés*, 1914.

judiciaires dont le nombre est restreint et dont l'objet est plus spécial, nous ne disposons pas actuellement en France d'organisme comparable à celui-là. Dans ces dernières années, l'initiative privée a fait de louables efforts pour en doter notre pays; mais ces efforts n'ont encore abouti qu'à des résultats insignifiants, car le temps est, en pareille matière, un facteur essentiel. Il a été suggéré, d'autre part, que le législateur pourrait déléguer, soit aux Tribunaux, soit aux Chambres de Commerce, le soin de dresser des listes de professionnels sur lesquelles les Sociétés par actions feraient obligatoirement leur choix. Une telle mesure ne présenterait, me semble-t-il, ni les avantages ni les garanties de l'organisation existant en Angleterre. Ce qui a permis, en effet, aux Chartered Accountants de créer ce corps de doctrine qui nous manque, c'est d'une part, leur unité d'origine, et, d'autre part, le mode de leur recrutement. Pour devenir Chartered Accountant, il faut tout d'abord avoir fait un stage prolongé chez un membre de la Compagnie; il faut de plus avoir obtenu le brevet d'aptitude délivré par la Compagnie elle-même. Ainsi se trouvent réalisées les conditions de compétence professionnelle, en même temps que la continuité des traditions.

L'absence, dans notre pays, du corps professionnel existant depuis de longues années chez nos amis d'Outre-Manche, a donc laissé subsister dans la comptabilité des entreprises françaises les pratiques les plus diverses; et le seul moyen d'arriver à une unification suffisante des méthodes comptables, me paraît être la réglementation.

Les inconvénients du système de liberté absolue semblent, en effet, démontrés à l'heure actuelle pour notre pays, et l'unique raison pour laquelle le système de la réglementation a été écarté par la commission extra-parlemeutaire de 1902 ne paraît pas de nature, ainsi que je l'ai indiqué plus haut, à empêcher son adoption.

Ce système a fonctionné avec succès dans de nombreux pays d'Europe et, en particulier, en Allemagne où il n'a nullement paralysé l'essor des Sociétés anonymes qui avaient pris, au cours de ces dernières années, le développement que l'on connaît.

Assurément, il ne faut pas songer à établir, comme ambitionnait de le faire un projet de réforme de la loi belge cité dans le rapport de M. Neymark, un cadre uniforme et rigide capable de s'adapter d'une façon absolue aux exigences de toutes les entreprises. Comment trouver, en effet, une formule assez souple pour servir à la fois à une compagnie de chemins de fer, à une maison de banque, à un établissement industriel, à une maison de vente ou de commission, à une compagnie d'assurances? Ces entreprises variées ont des bilans qu'il n'est pas possible d'établir dans une forme identique pour toutes. Mais, ce que l'on peut dire, c'est que la confection de tous ces bilans, quels qu'ils soient, doit se plier à un certain nombre de règles communes, et c'est cet ensemble de règles qu'il importe de faire passer dans la loi.

*
* *

De tous les chapitres d'actif qui composent un bilan, il n'en est, à proprement parler, qu'un seul sur la valeur duquel il n'y ait point de discussion possible, c'est le chapitre des espèces en caisse. Tous les autres éléments du patrimoine social laissent une place plus ou moins grande à l'appréciation.

Il s'agit de les évaluer le jour où l'on fait l'inventaire; et les principes généraux auxquels cette évaluation doit obéir, peuvent, me semble-t-il, se ramener à trois, savoir :

1o Les valeurs actives ne doivent, en aucun cas, paraître au bilan pour un montant supérieur au prix qu'elles ont coûté.

2o En cas de moins-value constatée par rapport au prix coûtant, les chapitres actifs doivent être dépréciés, et ramenés à leur valeur véritable au jour de l'inventaire.

3o Les éléments d'actif sujets à dépérir doivent être amortis de telle sorte, qu'à l'expiration de leur durée normale d'utilisation, ils ne figurent plus au bilan que pour mémoire.

De ces trois principes, il en est deux (2o et 3o) dont l'exactitude n'est sérieusement contestée par personne.

Il est certain, et admis par tous, qu'on ne peut faire paraître un actif au bilan pour une valeur supérieure à sa valeur véritable au jour de l'inventaire. C'est ainsi, notamment, que les créances irrecouvrables doivent être passées à Profits et Pertes, et que les créances d'un recouvrement douteux ne doivent figurer au bilan que pour leur valeur de réalisation probable.

L'obligation d'amortir les éléments d'actif susceptibles de dépé rir n'est pas moins certaine. Contrairement à une opinion encore trop répandue, l'amortissement n'est pas une mesure facultative; c'est une obligation qui s'impose d'une manière aussi impérative que la dépréciation des mauvaises créances, ou que celle des titres en portefeuille, par exemple. Amortir, c'est constater que tel élément du patrimoine social a perdu, par l'usage qui en a été fait, ou même par le seul effet du temps, une partie de sa valeur initiale. Cette constatation s'impose au comptable avec la brutalité d'un fait. L'importance de l'amortissement à opérer est fonction, non du bénéfice réalisé, mais du prix d'achat du bien à amortir, et de sa durée d'utilisation probable. Même en l'absence de tout bénéfice, le chef d'entreprise a donc l'obligation de porter au compte de Profits et Pertes de chaque exercice la somme nécessaire pour que le capital investi dans l'entreprise se retrouve intégralement lors de la liquidation finale.

On a quelquefois prétendu qu'en l'absence de profits l'amortissement, se réduisant à une simple opération d'ordre, cessait d'être obligatoire; car à quoi sert, dit-on, de créer un fonds d'amortissement dès l'instant qu'il n'y a pas de bénéfices pour l'alimenter? L'argument est spécieux. Il est vrai qu'en ce cas, la pratique de l'amortissement n'a d'autre intérêt que d'introduire plus d'exactitude dans les comptes. Mais cela ne suffit-il pas pour légitimer cette pratique? Supposons que les comptes d'un exercice déterminé se soldent avant tout amortissement par une perte de 50.000 francs; et supposons, d'autre part, que l'entreprise ait à son actif un matériel d'exploitation de 500.000 francs, dont la durée d'utilisation probable est de dix années. L'inventaire sera-t-il exact s'il accuse seulement 50.000 francs de pertes? Assurément non. Cela est si vrai que, si la même situation déficitaire se représente dix années de suite et si, pendant dix années, on néglige d'amortir le matériel, la Société se verra dans la nécessité de comptabiliser d'un seul coup, à l'inventaire de clôture de son dixième exercice, une perte supplémentaire de 500.000 francs, résultant de la mise en réforme de son matériel. Qui ne voit les dangers d'une telle pratique, dont le moindre défaut est de faire illusion sur la situation véritable de l'entreprise, et sur l'importance réelle de ses pertes? (Voir en ce sens Rodolphe Rousseau, Sociétés par actions, Inventaires, Bilans, Amortissements, Réserves, Dividendes, p. 43 et suivantes. — Contrà Wahl Journ. Soc. 1900, p. 294).

Donc : obligation de ramener à leur valeur véritable les éléments d'actif dépréciés; obligation d'amortir les éléments d'actif périssables, voilà deux règles générales et absolues qui s'imposent à toutes les entreprises quelles qu'elles soient, et qui doivent trouver leur application à tous les bilans sans exception aucune.

*
* *

Il est un autre principe formulé au début de ces observations, et au sujet duquel la pratique s'est prononcée d'une façon moins unanime : je veux parler de la règle suivant laquelle une valeur quelconque ne peut pas être inscrite à l'actif d'un bilan pour un prix supérieur à son prix de revient.

On a vu tout à l'heure qu'en cas de dépréciation, la moins-value devait être passée à Profits et Pertes. Quid, en cas de plus-value? Ne serait-il pas logique de considérer cette plus-value comme un bénéfice?

L'affirmative a été soutenue par d'excellents esprits et notamment par M. le Professeur Wahl (notes sous Sirey 1901. 1. 537 et 1901. 2. 297). Cette thèse a même reçu la consécration législative dans certains pays, tels que la Bulgarie et la Serbie.

D'après ce système, les inventaires annuels sont considérés, suivant l'expression de M. Vavasseur rappelée par M. Rodolphe Rousseau dans son savant ouvrage sur les bilans, comme autant de « liquidations périodiques non solidaires les unes des autres, et dans lesquelles doit figurer le prix des valeurs comme s'il résultait d'une vente réelle. »

Le système se trouve ainsi très exactement défini; mais l'idée même qui lui sert de base est-elle bien exacte? Et ne voit-on pas qu'en comptabilisant les plus-values à l'inventaire comme si elles étaient définitivement acquises, on s'expose à distribuer des bénéfices qui ne se réaliseront peut-être jamais?

Voilà, par exemple, une Société industrielle qui a approvisionné dans ses magasins un important stock de cuivre destiné à l'exécution de commandes qu'elle n'a point encore reçues. Au jour de l'inventaire le cuivre est en hausse. Dira-t-on qu'elle a réalisé, du seul fait de cette hausse, un profit quelconque? En aucune manière, car il se peut fort bien que les prix ne se maintiennent point, et que même ils descendent fort au-dessous du prix d'achat. L'objet fabriqué se vendant sur la base du cours déprécié, la Société subira finalement une perte. La plus-value constatée à l'inventaire correspond donc pour elle, non à une réalité d'ores et déjà acquise et certaine, mais à une simple espérance de bénéfice qui ne saurait légitimer une distribution de dividendes.

La même question se présentera si, au lieu d'un stock de matières premières en magasin, la Société a en portefeuille des valeurs de Bourse dont les cours ont monté. Elle n'a proprement réalisé de ce fait aucun bénéfice; ce bénéfice ne se réalisera que le jour où elle aura vendu ses titres; c'est de ce jour-là, seulement, qu'elle pourra mettre en distribution un profit qui jusqu'alors n'est qu'en puissance.

Que penserait-on d'un particulier qui, ayant une fortune composée de valeurs mobilières affecterait au budget de ses dépenses annuelles non seulement les coupons de ses valeurs, mais encore la plus-value résultant de la hausse des cours assimilée ainsi à un accroissement de revenu? On dirait de lui ce qu'on peut dire des Sociétés qui comptabilisent les plus values de leur actif non réalisé, à savoir que l'un comme l'autre, ils mangent leur blé en herbe.

Une telle pratique ne saurait, me semble-t-il, recevoir la consécration de la loi. Il est à la fois, exact et conforme aux saines méthodes comptables, de maintenir les valeurs actives à l'inventaire pour leur prix de revient. Outre que c'est le seul moyen d'éviter la distribution de dividendes fictifs, c'est aussi le seul procédé qui ne comporte dans l'évaluation aucun arbitraire.

*
* *

Je crois avoir ainsi démontré la vérité des principes généraux formulés au début de cette étude. Il me reste maintenant à vérifier leur application aux divers chapitres du bilan et à m'assurer qu'il suffisent pour résoudre les difficultés courantes de la pratique.

ACTIF

Actif Immobilisé

1° *Immeubles.*

Les immeubles doivent être inscrits à l'actif du bilan pour leur prix d'achat ou d'apport, augmenté des frais.

Les constructions doivent être amorties proportionnellement à leur durée probable. Si elles sont édifiées sur terrain d'autrui, l'amortissement doit être complet au plus tard à l'expiration du bail.

En cas de moins-value du terrain, cette moins value doit être portée à Profits et Pertes. S'il y a plus-value, au contraire, cette plus-value ne doit pas être considérée comme un bénéfice et le terrain doit être maintenu au bilan pour sa valeur d'origine.

2° *Mobilier.*

Le mobilier doit être porté au bilan pour son prix d'achat. Les objets mobiliers qui ne sont point présentés à l'inventaire doivent être amortis en totalité; ceux qui subsistent doivent être amortis dans une proportion telle qu'ils figurent pour zéro au terme de leur durée d'utilisation normale.

3° *Matériel et Machines.*

Les principes sont les mêmes que pour le mobilier : amortissement proportionné à la durée probable d'utilisation.

4° *Clientèle et fonds de commerce.*

La question de savoir si les éléments incorporels d'un fonds de commerce doivent s'amortir est une question de fait sur laquelle il ne peut être statué par voie de disposition réglementaire. Le principe général s'appliquera, et le fonds ne devra être amorti que s'il est susceptible de dépérir, ce qui est souvent le cas. Mais le taux de l'amortissement est ici infiniment variable. Si la valeur du fonds dépend surtout d'un droit au bail, elle devra être amortie proportionnellement à la durée de ce bail. Si la valeur du fonds est, en fait, indépendante du droit au bail, l'amortissement sera proportionné à la durée probable de l'exploitation.

Quand l'établissement a été créé par la Société elle-même, et non acquis d'autrui par voie d'achat ou d'apport, on ne saurait, sans abus, lui attribuer une valeur quelconque. Cette valeur n'apparaîtra que lors de la cession du dit fonds. Ceci est la conséquence du principe général énoncé plus haut en ce qui concerne l'estimation des valeurs actives.

5° *Brevets.*

Les brevets doivent, comme le fonds de commerce, être amortis chaque année de sommes suffisantes pour les ramener à zéro à l'expiration de leur durée.

On objectera peut-être que le brevet périmé conserve néanmoins une valeur de rendement due à la situation industrielle acquise par son possesseur. Celui-ci dispose d'une réputation, d'une clientèle, d'une organisation qui survivent à l'existence de son monopole. Mais ce sont là des avantages dont la valeur en numéraire ne saurait être chiffrée avec certitude. Cette remarque suffit pour me déterminer à leur appliquer la règle formulée au paragraphe précédent.

6o *Compte de Premier Établissement.*

Les frais de premier établissement autres que ceux qui correspondent à l'acquisition des immeubles et du matériel ou de valeurs susceptibles d'être réalisées, sont des dépenses dépourvues de contre-partie effective. Ce sont les frais engagés en vue de permettre la constitution et le fonctionnement de la Société. On y assimile d'ordinaire les dépenses de nouvel établissement : frais d'études, de voyages, d'essais, de recherches ayant pour but de créer une forme nouvelle d'exploitation.

Il serait contraire à la logique d'imputer la totalité de ces dépenses aux charges de l'exercice durant lequel elles ont été exposées, puisque l'exploitation des années suivantes doit en recueillir les fruits. Aussi, la jurisprudence admet-elle, en principe, l'inscription momentanée à l'actif des dépenses dont s'agit. Bien mieux, la loi du 17 mars 1905, relative au contrôle des Sociétés d'assurances sur la vie, et celle du 19 décembre 1907 relative au contrôle des Sociétés de capitalisation, ont consacré la légitimité de cette pratique en fixant le maximum des dépenses de premier établissement de ces entreprises et en déterminant la durée de leur amortissement.

Il pourrait, semble-t-il, être pris une mesure analogue en ce qui concerne toutes les Sociétés par actions : la loi prescrirait que le compte des frais de premier établissement devra être arrêté par le Conseil d'Administration et soumis à la première Assemblée générale ordinaire. De plus les statuts contiendraient obligatoirement une disposition spéciale fixant le délai dans lequel ces frais devront être totalement amortis.

Actif Disponible

Ce chapitre de l'actif ne comprend que les espèces en caisse et en banque qui devront figurer au bilan pour leur montant effectif.

Actif Réalisable

1o *Matières premières et marchandises.*

Les matières et marchandises figureront au bilan pour leur prix de revient, sauf toutefois le cas où les cours auraient baissé dans l'intervalle. Si les cours sont, au jour du bilan, inférieurs au prix d'achat, les marchandises subiront une dépréciation égale à la différence.

En ce qui touche les articles pour lesquellse il n'existe pas de marché proprement dit, conséquemment pas de cours, on appliquera des règles analogues : estimation au prix coûtant avec dépréciation spéciale en cas de moins-value dûment constatée.

Les marchandises en cours de fabrication ne pourront, sous la même réserve, figurer au maximum en actif que pour la dépense de matière, main-d'œuvre et frais généraux de fabrication, déjà faite au jour de l'inventaire. En aucun cas il ne saurait être question d'y adjoindre une majoration pour frais de vente, ou charges quelconques indépendantes de la fabrication.

2o *Titres en portefeuille.*

Les titres en portefeuille sont un des éléments de fortune des Sociétés dont l'évaluation a donné lieu aux plus grandes controverses. Aucun principe certain ne se dégage de la jurisprudence en ce qui concerne leur inscription au bilan.

L'application à ces valeurs des règles générales posées ci-dessus, aboutit aux conséquences suivantes : les valeurs de bourse devront, en principe, figurer au bilan pour le prix qu'elles ont coûté; si, à l'inventaire de clôture, certains titres sont en hausse par rapport au cours d'achat, la plus-value ne devra pas être portée au compte de bénéfices; si, au contraire, certains titres sont en baisse, leur valeur devra être diminuée du montant de la dépréciation qu'ils ont subie.

3o *Créances actives.*

Les créances actives devront être inscrites au bilan pour leur valeur nominale et diminuées, s'il échet, du réescompte. En cas d'insolvabilité totale ou partielle des débiteurs au moment de l'inventaire, elles devront être ramenées à leur valeur de recouvrement probable.

Observation.

Il conviendra de décider que le bilan fera ressortir le coût primitif des diverses valeurs et les dépréciations dont elles ont été l'objet, en distinguant parmi ces dépréciations, celles qui incombent à l'exercice qui vient de finir. Ce résultat peut s'obtenir, soit en portant les dépréciations au passif du bilan, soit en les déduisant, d'une manière explicite, des divers éléments de l'actif.

PASSIF

Dans la pratique comptable, le passif d'une entreprise quelconque est divisé en deux grandes catégories :

Passif de l'entreprise envers elle-même.

Passif envers les tiers.

Passif de l'entreprise envers elle-même

Le passif de la Société envers elle-même comprend une série de comptes où se trouvent classés par catégories les droits des actionnaires sur le fond social.

Ces chapitres du passif comprennent :

Le capital social.

La réserve légale.

Les réserves complémentaires dont la création constitue un acte facultatif ou statutaire de prévoyance.

Le montant amorti sur certains postes d'actif et les dépréciations inscrites en raison d'aléas divers peuvent également prendre place au passif, à la condition qu'on veille à ne pas les confondre avec les réserves dont je viens de parler. Il importe de réagir contre cette confusion, actuellement fréquente, et qui peut avoir pour conséquence d'induire en erreur le lecteur du bilan soucieux de connaître la situation réelle.

1° *Le capital social.*

Le capital doit être inscrit au passif pour son montant nominal, qu'il ait été, ou non, versé en totalité. Dans le second cas, la somme restant à libérer prendra place à l'actif sous une rubrique spéciale; et la partie de cette somme dont il aura été fait régulièrement appel sera mentionnée au nombre des créances exigibles.

2° *Réserves diverses.*

La réserve légale et les réserves extraordinaires devront paraître au bilan pour leur montant intégral.

Passif envers les tiers

Ce passif comprend des catégories très diverses. Il peut notamment résulter d'obligations émises par la Société, d'effets à payer souscrits par elle, et d'engagements de toute nature qu'elle a contractés.

Tous les éléments de ce passif devront figurer au bilan pour leur montant avec les intérêts, s'il en est dû, calculés au jour de la clôture de l'exercice.

En ce qui concerne les obligations remboursables à long terme par annuités, on a proposé d'inscrire au passif leur valeur actuelle à intérêts composés. Mais cette méthode dont les avantages ne compensent pas, selon moi, la complication, n'a pas prévalu. Je crois préférable de s'en tenir aux procédés actuellement usités : inscription au passif des obligations en circulation pour leur montant nominal; inscription à l'actif de la prime d'amortissement, s'il en existe.

COMPTE DE PROFITS ET PERTES

Le compte de Profits et Pertes est représenté par la balance en excédent ou en déficit de l'actif et du passif.

Ainsi qu'il a été expliqué au début de ces observations, les amortissements de toute nature devront être inscrits au débit de ce compte. On y inscrira également toutes les dépenses d'exploitation et de frais généraux payées ou non, qui incombent à l'exercice.

On portera au crédit le bénéfice brut provenant de l'exploitation courante, et les profits exceptionnels qui auraient été réalisés pour d'autres causes dans le cours de l'exercice.

S'il existe des reports à nouveau, le bilan les mettra séparément en évidence. Il importe de ne pas les englober dans le résultat propre à l'exercice considéré.

La balance fera ressortir le résultat égal à la différence constatée par le bilan entre l'actif total et le passif total.

* * *

J'ai ainsi passé en revue les questions principales qui se posent en matière d'établissement de bilans. Aussi bien n'est-il pas possible de tout prévoir, non plus que d'édicter des dispositions qui s'adaptent absolument à l'universalité des espèces. L'essentiel est de fixer des règles générales qui permettent de donner une solution aux difficultés les plus fréquentes révélées par la pratique. On s'est rendu compte que la plupart de ces difficultés peuvent se résoudre par l'application des principes généraux posés au début de ce travail. Il suffirait, à mon avis, pour assurer l'unité de méthode qui est l'objectif poursuivi, de faire passer ces principes dans la loi en y ajoutant, toutefois, une disposition très simple relative aux frais de premier établissement et à leur amortissement.

Le texte à intercaler dans l'article 34 de la loi pourrait être ainsi conçu :

« Il y a lieu d'appliquer à la confection des bilans les règles suivantes :

« 1° Les valeurs actives autres que les créances ne peuvent y paraître pour un montant supérieur au prix qu'elles ont coûté. En cas de moins-value constatée par rapport au prix coûtant, les chapitres de l'actif sont dépréciés d'une somme égale à cette moins-value.

« 2° Les créances sont inscrites à l'actif pour leur valeur de recouvrement probable, sous déduction de l'intérêt pour le temps à courir jusqu'à l'échéance, quand celle-ci est postérieure de plus de trois mois à la date du bilan.

« 3° Les éléments d'actif sujets à dépérir sont amortis de telle sorte qu'à l'expiration de leur durée normale d'utilisation, ils ne figurent plus à l'inventaire que pour mémoire. Le bilan doit faire ressortir explicitement le coût primitif des valeurs amorties, et les dépréciations dont elles ont été l'objet, en distinguant, parmi ces dépréciations, celles qui incombent à l'exercice qui vient de finir.

« 4° Les statuts pourront disposer que les frais de premier établissement seront maintenus à l'actif, et amortis par fractions dans un délai fixé. Un état détaillé de ces dépenses sera soumis par le Conseil d'Administration à l'approbation de l'Assemblée Générale appelée à statuer sur les comptes de l'exercice au cours duquel elles auront été faites ».

*
* *

Ce texte serait incomplet s'il ne prévoyait des sanctions.

Le plus souvent la sanction se trouvera dans un article déjà existant : je veux parler de l'article 15 de la loi de 1867 qui punit des peines de l'article 405 du Code pénal les gérants qui « en l'absence d'inventaire, ou au moyen d'inventaires frauduleux, ont opéré entre les actionnaires la répartition de dividendes fictifs ».

Mais il faut envisager le cas où, l'établissement du bilan n'ayant pas été suivi d'une distribution de dividende, l'article 15 de la loi de 1867 ne pourrait pas recevoir application.

Dès lors, de deux choses l'une. Ou bien les Administrateurs, auront été de bonne foi dans la confection du bilan, et nous nous trouverons en présence d'une simple contravention assimilable à celles prévues par les articles 13 et 14 de la loi à laquelle les mêmes peines pourraient, me semble-t-il, être applicables.

Ou bien, au contraire, le bilan aura été dressé de mauvaise foi, dans l'intention, de tromper les actionnaires et les tiers sur la situation véritable de la Société. Dans ce cas, l'établissement du bilan constitue un acte frauduleux pour la répression duquel les peines des articles 13 et 14 seraient insuffisantes. Même si la présentation de ce bilan n'a pas été suivie de la distribution d'un dividende fictif, il y a lieu, me semble-t-il d'infliger aux administrateurs coupables d'une telle fraude les peines de l'article 405, tempéré par l'application possible de l'article 463 en cas de circonstances atténuantes.

Dans l'un comme dans l'autre cas, qu'il y ait eu ou non intention frauduleuse, les Commissaires des Comptes ou membres du Conseil de surveillance seront pénalement responsables comme les Administrateurs eux-mêmes.

Le texte à insérer dans la loi pour organiser ces sanctions pourrait être le suivant :

« Seront punis des peines prévues aux articles 13 et 14 de la loi :

« 1° Les gérants des Sociétés en commandite par actions et les administrateurs des Sociétés anonymes qui, de bonne foi, auront présenté à l'Assemblée Générale des Actionnaires un bilan établi en contravention des dispositions ci-dessus;

« 2° Les commissaires aux comptes ou membres de Conseils de surveillance qui auront négligé de relever les contraventions commises.

« En cas de fraude, les peines seront celles de l'article 405 du Code pénal.

« L'article 463 du Code pénal sera applicable. »

GUSTAVE DOYEN.

Imp. J. Guinebertière. — Angers.

www.ingramcontent.com/pod-product-compliance
Ingram Content Group UK Ltd.
Pitfield, Milton Keynes, MK11 3LW, UK
UKHW021927230726
13925UKWH00007B/2488

9 782014 032567